Paramahansa Yogananda
(1893 – 1952)

INDRE
FRED

HVORDAN VÆRE ROLIG AKTIV
OG AKTIVT ROLIG

P A R A M A H A N S A
Y O G A N A N D A

OM DENNE BOKEN: *Indre fred: Hvordan være rolig aktiv og aktivt rolig* er en samling utdrag fra Paramahansa Yoganandas tekster, foredrag og uformelle taler. Disse utvalg forekommer opprinnelig i hans bøker, i artikler i *Self-Realization* (tidsskriftet han grunnla i 1925), i de tre antologier med hans samlede taler og essayer, og i andre publikasjoner fra Self-Realization Fellowship.

Opprinnelig tittel på engelsk, utgitt av
Self-Realization Fellowship, Los Angeles (California):
Inner Peace:
How to Be Calmly Active and Actively Calm

ISBN: 978-0-87612-010-1

Oversatt til norsk av Self-Realization Fellowship

Copyright © 2023 Self-Realization Fellowship

Alle rettigheter tilhører utgiver. Med unntak av korte sitater i bokanmeldelser, må ingen deler av *Indre fred: Hvordan være rolig aktiv og aktivt rolig (Inner Peace: How to Be Calmly Active and Actively Calm)* bli gjengitt, lagret eller på noen måte distribuert (elektronisk, mekanisk eller annet) allerede kjent eller i ettertid utviklet – inkludert fotokopiering, opptak eller andre systemer for lagring og gjenvinning av informasjon – uten skriftlig tillatelse fra Self-Realization Fellowship, 3880 San Rafael Avenue, Los Angeles, California 90065-3219, U.S.A.

Autorisert av Det internasjonale publikasjonsråd for
SELF-REALIZATION FELLOWSHIP

Self-Realization Fellowships navn og emblem (som vist ovenfor) gjengis på alle SRFs bøker, lydopptak og andre publikasjoner, og skal forsikre leseren om at en utgivelse stammer fra organisasjonen som er opprettet av Paramahansa Yogananda og at den korrekt formidler hans lære.

Første utgave på norsk, 2023
First edition in Norwegian, 2023
Dette opplag 2023
This printing, 2023

ISBN: 978-1-68568-156-2

1499-J7687

INNHOLD

Forord, *av Sri Daya Mata* vii

Kapittel I

«Hvor kan jeg finne fred?» 1

Kapittel II

Meditasjon: Vitenskapen om hvordan være «aktivt rolig» 19

Kapittel III

Den åndelige kunst å slappe av:
Å fjerne stress fra legeme og sinn 39

Kapittel IV

Hvordan være «rolig aktiv» –
sentrert i fred uansett hva du måtte gjøre 51

Kapittel V

Fred i ditt daglige liv: Grunnleggende prinsipper og metoder 69

Kapittel VI

Visdomsaspektet som leder til indre fred...101

FORORD

Av Sri Daya Mata

President og åndelig leder (1955-2010) av
Self-Realization Fellowship[1]/Yogoda Satsanga Society of India

Fred, ro og indre balanse er kun ord inntil vi faktisk ser disse kvaliteter komme til uttrykk i noen vi møter – eller føler disse manifestere seg i oss selv. I løpet av de noen og tjue år sammen med Paramahansa Yogananda, var jeg daglig velsignet med å få oppleve den ubeskrivelige aura av fred som strålte fra ham; den ga ham en bemerkelsesverdig evne til å sette alle som kom til ham i kontakt med den dype kilde av fred i deres egne sjeler.

Vår tidsalders fremskritt innen teknologi har vært utrolig, men disse fremskritt synes ofte å forbedre ytre omstendigheter kun til den høye pris

---

1 Bokstavelig, «Fellesskap for Selv-erkjennelse». Paramahansa Yogananda har forklart at navnet Self-Realization Fellowship betyr «Fellesskap med Gud gjennom Selv-erkjennelse, og vennskap med alle sannhetssøkende sjeler.»

Indre fred

av økt stress og kompleksitet i våre personlige liv. Ettersom søken etter balanse i livet blir en stadig høyere prioritet, innser mennesker verden over at den kanskje mest nødvendige «nye» vitenskap er en urgammel en: Yoga, hvis tidløse metoder for å bringe legeme, sinn og sjel i harmoni, tilbyr et i sannhet virkningsfullt system for å oppnå indre fred.[2]

Fra Paramahansa Yoganandas skattkammer av visdom, lærer vi den mest verdifulle blant yogaens «stillinger»: «Å stå klippefast», som han pleide å si, «midt i kollisjonen av verdener som bryter sammen.» Å bli urokkelig forankret i indre trygghet, i den «fred som overgår all forstand» – dette er løftet genuin åndelighet kan oppfylle, og dette er hva nærværende publikasjon har som fokus.

Fredfull indre ro fordrer ifølge Paramahansa Yogananda ingen fryktsom tilbaketrekning fra

---

2 Skjønt mange personer anser yoga hovedsakelig som fysiske stillinger og øvelser (*hatha-yoga*), henviser begrepet i egentlig forstand til et omfattende system av meditasjon og balansert åndelig levesett hvis høyeste mål er den individuelle sjels enhet med den uendelige Ånd.

Forord

energiske, aktive sysler. Hans egne, usedvanlige ytre oppnåelser gjennom fremgangsrikt pionerarbeid for å fremme Indias meditasjonslære i Vesten, krevde det ytterste av en dynamisk og kreativ personlighet. Han utførte ikke sitt arbeid primært i et avsidesliggende skjulested, men midt i travle byer som New York, Chicago, Los Angeles – på de mest støyende og urolige steder på planeten! Likevel var han alltid lykkelig sentrert i sjelens naturlig urokkelige ro.

En av hans tilhengeres favorittfortelling om Paramahansaji dreier seg om en spontan demonstrasjon (heldigvis aldri gjentatt) på styrken av denne freden. I en av New York Citys gater ble han truet av tre ranere med våpen. Han ganske enkelt så på dem og sa: «Vil dere ha penger? Bare ta dem.» Han holdt frem lommeboken. På uforklarlig vis gjorde de væpnede menn ingenting. I hans nærvær ble de totalt lamslått av de åndelige vibrasjonene han utstrålte. Til slutt plumpet det ut av en av dem: «Om forlatelse. Vi kan ikke gjøre dette.» De snudde og løp sin vei.

Indre fred

Hver gang han var på offentlige steder stoppet forbipasserende opp og stirret på ham, og spurte oss som var sammen med ham: «Hvem er han? Hvem er denne mannen?» Hos ham var det alltid en stille, merkbar vibrasjon som trakk til seg folk.

I denne boken har vi samlet – fra Paramahansajis tallrike bøker, essayer, foredrag, samt taler til sine studenter – et utvalg av visdom som du kan anvende for å erfare i din daglige virkelighet den ro og forvissning han snakker om. Denne håndboken vil gjøre deg kjent med spekteret av de prinsipper og praktiske råd han ga for å skape en lykkelig indre harmoni: Kunsten av kreativ ytre aktivitet uten å miste sinnsroen; metoder for avslapning og å fjerne stress; å gjenkjenne og transcendere forstyrrende emosjonelle tilstander – vrede, frykt, bekymring, overfølsomhet – som alle er fiender av den indre ro; og ikke minst å kontakte den guddommelige kilde av fred i dypet av din egen sjel, Guds tempel inne i deg.

Forord

Sjelens fred bøter på en splittet personlig og familiemessig harmoni, samt den forvitrende struktur i våre samfunn. Den har evnen, hvis forstått og praktisert som en levemåte, til å skape balanse og helbredelse i din tilværelse; din vibrasjon av fred vil i sin tur berøre alle du møter på din vei og bidra på en dyptgripende måte til å foranledige varig fred i vår globale familie.

Los Angeles
August 1999

FRED

Paramahansa Yogananda

Fred strømmer gjennom mitt hjerte, og blåser gjennom meg som en mild bris.

Fred fyller meg lik en vellukt.

Fred farer gjennom meg lik stråler.

Fred dolker støyens og bekymringenes hjerte.

Fred brenner seg gjennom min uro.

Fred, lik en sfære av ild, utvider seg og fyller mitt allestedsnærvær.

Fred, lik et osean, bølger ut i hele verdensrommet.

Fred, lik rødt blod, gir liv til mine tankers blodårer.

Fred, lik en grenseløs stråleglans, omgir mitt uendelighetens legeme.

Fredens flammer ånder gjennom porene av mitt legeme, og gjennom hele verdensrommet.

Vellukten av fred svever over blomstringens hager.

Vinen av fred flyter uavbrutt gjennom alle hjerters vinpresse.

Fred

Fred er åndedrettet i steiner, stjerner og de vise.
Fred er Åndens himmelske vin som flyter fra fatet
    av stillhet,
Som jeg heller i meg med mine talløse atomers
    munner.

Kapittel

I

«Hvor kan jeg finne fred?»

Fred kommer fra sjelen, og er det hellige, indre miljø hvori sann lykke utfolder seg.

Gjennom meditasjon kan man erfare en stabil og stille, indre fred som kan bli et konstant beroligende bakteppe for alle harmoniske eller fordringsfulle aktiviteter som livets forpliktelser krever. Varig lykke finner man gjennom å bevare denne stabilt fredfulle sinnstilstand.

Alt du gjør, burde gjøres med indre fred. Dette er den beste medisin for legeme, sinn og sjel. Det er den mest vidunderlige måte å leve på.

Indre fred

Det finnes et botemiddel mot stress ...

Ro er idealtilstanden hvori vi burde ta imot alle livets opplevelser. Nervøsitet er det motsatte av ro, og dens utbredelse i dag gjør den så godt som til en pandemi.

———◆———

Den beste kur for nervøsitet er å kultivere sinnsro. En person som har en naturlig ro mister ikke sin fornuft, rettferdighetssans eller humor under noen omstendigheter. [...]

Sinnslikevekt er en storartet kvalitet. Vi burde leve våre liv etter en triangulær modell hvor de to sidene er sinnsro og vennlighet, mens sokkelen er glede. [...] Om man handler raskt eller langsomt, i ensomhet eller i travle markeder, burde ens sentrum være fredelig, likevektig. Kristus er et eksempel på dette idealet. Overalt utviste han fred. Han gjennomgikk enhver tenkelig prøvelse uten å miste sin likevekt.

«Hvor kan jeg finne fred?»

Lev i din sjels guddommelige bevissthet ...

Vi er sjeler – evige, uforanderlige – skapt i Guds bilde av udødelig lykksalighet. Våre liv burde uavbrutt reflektere denne alltid nye gleden. Jeg lar aldri noen ta fra meg min indre lykke; også du burde lære denne kunsten av fryktløst, sjelelig levesett som kan smile bort ethvert problem som måtte oppstå.

———

Selvets eller sjelens sanne tilstand er lykksalighet, visdom, kjærlighet og fred. Det vil si å være så lykkelig at du gleder deg over hva enn du gjør. Er ikke dette mye bedre enn å famle gjennom verden som en rastløs demon, ute av stand til å finne tilfredsstillelse i noe som helst?

Indre fred

Ro er udødelighetens åndedrett ...

De som mediterer dypt føler en vidunderlig, indre stillhet.

———◆———

Ro er en av egenskapene ved udødeligheten inne i deg. [...] Når du bekymrer deg, slipper forstyrrelser gjennom ditt sinns radio. Guds sang er sangen av ro. Nervøsitet er forstyrrelsen; ro er Guds stemme som snakker til deg gjennom din sjels radio.

Nervøsitet er forandringens og dødens tjener; når du er rolig kan ikke engang døden skremme deg, fordi du vet at du er en gud.

Ro er det levende åndedrett av Guds udødelighet i deg.

———◆———

«Hvor kan jeg finne fred?»

Jo mer du opplever fred i meditasjon, desto nærmere er du Gud. Han kommer stadig nærmere deg jo dypere du går inn i meditasjonen. Freden i meditasjon er Guds språk og omfavnende betryggelse.

Lær å leve i den evige lykke og fred som er Gud.

Indre fred

Betrakt ditt liv med et ærlig blikk ...

Når man skuer utover denne verdens store panorama, på mengdene av mennesker som iler heseblesende gjennom deres tilmålte levetid, kan man ikke unngå å undre seg over hva det hele dreier seg om. Hvor går vi? Hva er hensikten? Hva er den beste og sikreste vei til å nå vår destinasjon?

De fleste av oss haster uten mål, som løpske biler, uten noen plan. Mens vi tankeløst styrter av gårde langs livets vei, forsømmer vi å erkjenne meningen med vår reise; vi legger sjelden merke til om vi er på slyngete sideveier som ikke fører noe steds hen, eller på rette veier som fører oss direkte til vårt mål. Hvordan kan vi nå vårt mål hvis vi aldri tenker på det?

Har du tillatt ditt liv å bli forledet av krefter som tilsynelatende er sterkere enn dine egne? Har

«Hvor kan jeg finne fred?»

du kontroll over ditt liv? Synk ikke ned i middelmådighetens spor. Hev deg over mengden. Tre ut av den alminnelige tilværelses kvelende ensformighet og inn i et bedre, mer fargerikt liv av oppnåelse og alltid ny fred.

Spør deg selv hva som er hensikten med ditt liv. Du er blitt skapt i Guds bilde; dét er ditt virkelige Selv. Å erkjenne Guds bilde inne i deg er den største suksess – uendelig glede, oppfyllelse av ethvert ønske, seier over alle legemlige vanskeligheter og verdens inntrengen.

Indre fred

Å vinne livets kamp i hverdagen ...

En sandklump klarer ikke å holde stand mot den tærende effekt av havets bølger; et individ som mangler urokkelig indre fred klarer ikke å forbli rolig under en mental strid. Men slik en diamant forblir uforandret uansett hvor mange bølger som virvler rundt den, vil også et fredskrystallisert individ bevare en utstrålende ro selv når prøvelser angriper fra alle kanter. La oss gjennom meditasjon redde ut av livets ustadige vann, diamanten av uforanderlig sjelsbevissthet som skinner med Åndens evigvarende glede.

Slik en viss type trening kreves for å ta del i krigskunst, kreves også tilsvarende for vårt engasjement i striden med det aktive liv. Krigere uten trening blir raskt drept på slagmarken; tilsvarende vil personer uten trening i kunsten å bevare deres

«Hvor kan jeg finne fred?»

indre fred, raskt bli gjennomhullet med kuler av bekymringer og rastløshet i det aktive liv.

Hvis du kan bevare din indre fred, vil du gjennom den finne din største seier. Uansett hvordan du er stilt i livet, føl deg aldri berettiget til å miste din indre fred. Når den er forsvunnet og du ikke klarer å tenke klart, har du tapt kampen. Hvis du aldri mister din indre fred, vil du oppdage at du alltid er seierrik, uansett utfallet av dine problemer. Dét er måten å beseire livet på.

Indre fred

Gjør livet til en fornøyelig sjelsopplevelse ...

Praktiser likevektig ro hele tiden. Bli en konge, en eneveldig monark, over ditt eget mentale kongedømme av ro. [...] La ingenting forstyrre ditt fredelige rike av ro. Bær med deg, dag og natt, gleden av «Guds fred, som overgår all forstand.»

Denne sinnslikevekt – når opprettholdt gjennom regelmessig, dyp meditasjon – fjerner kjedsomheten, skuffelsen og sorgen fra det daglige liv, og gjør det i stedet om til en svært interessant og fornøyelig sjelsopplevelse.

«Hvor kan jeg finne fred?»

Ditt indre og ytre miljø ...

Det finnes to typer miljø – indre og ytre. Det ytre miljø består av ens fysiske omgivelser (støyende, rolig og så videre). Det indre miljø er ens sinnstilstand.

―――♦―――

Det er menneskets indre miljø som er av størst viktighet.

―――♦―――

Gjenreis din bevissthet fra miljøet av åndelig uvitenhet.

―――♦―――

Å eksistere uten sinnsro i denne verden er å leve i et slags hades. Derimot opplever mennesket med guddommelig innsikt jorden som et lykkelig bosted.

Indre fred

―•―

Hva er du redd for? Du er et udødelig vesen. Du er verken mann eller kvinne, som du kanskje måtte tro, men en sjel – frydefull, evig.

―•―

Den som er samstemt med sjelen eier alle dens kvaliteter, inkludert fred, guddommelig lykksalighet og ufeilbarlig visdom.

―•―

Uansett hvilke disharmoniske omgivelser du måtte ha: Hvis du mediterer, eller i det minste sitter i stillhet noen minutter hver dag, og lever i harmoni med ditt indre Selv, vil du alltid leve i himmelen og ha med deg ditt eget bærbare paradis overalt.

«Hvor kan jeg finne fred?»

Vent ikke til i morgen ...

Verden tilber mennesker med makt, som Aleksander den Store og Napoleon, men tenk på deres sinnstilstander! Tenk så på den fred Kristus hadde. Hans fred kunne ikke bli tatt fra ham. Vi tror at vi kommer til å søke denne «i morgen». Enhver som resonnerer slik, vil ikke finne den. *Søk den nå.*

De fleste mennesker er lik sommerfugler, formålsløst flagrende omkring. De ser aldri ut til egentlig å komme seg noe sted eller til å kunne stoppe opp lenger enn et øyeblikk før de tiltrekkes en eller annen ny atspredelse. Bien arbeider og forbereder seg på harde tider. Men sommerfuglen lever kun for dagen i dag. Når vinteren kommer, er sommerfuglen død, mens bien har opplagret mat å leve av. Vi må lære å samle og lagre honningen av Guds fred og styrke.

Indre fred

Sentrer din oppmerksomhet i ditt indre. Du vil da føle en ny kraft, en ny styrke, en ny fred – i legeme, sinn og ånd.

Du eier privilegiet og valgmuligheten til å skape din egen himmel her og nå; du besitter alle midler til å kunne gjøre det.

Etabler, gjennom vitenskapelig yoga-meditasjon, ditt palass av fred på den tidløse fjellgrunn av Guds uforgjengelige indre fred.

«Hvor kan jeg finne fred?»

Finn riket av himmelsk, evig lykke i ditt indre, og himmelriket vil råde i så vel stillhetens territorium som i byenes larm og aktivitet, eller hvor enn man måtte befinne seg.

Når du har fred i hver bevegelse av ditt legeme, fred i din tenkning og i din viljestyrke, fred i din kjærlighet, samt fred og Gud i dine ambisjoner, husk – da har du knyttet ditt liv til Gud.

Kapittel

II

Meditasjon:
Vitenskapen om hvordan være «aktivt rolig»

Du kan ikke kjøpe fred; du må vite hvordan å kunne fremkalle den i ditt indre, i stillheten av dine daglige meditasjoner.

Alt i fenomenverdenen utviser aktivitet og forandring, men ro er Guds natur. Som en sjel har mennesket den samme roens natur i sitt indre. Når mennesket i sin bevissthet klarer å jevne ut og stilne de tre ustadige mentaltilstander – bølgene av sorg og glede, og likegyldighetens dyp mellom disse – vil det i sitt indre oppleve den fredfulle sjø av åndelig sjelsro som vokser til det grenseløse hav av stillhet i Ånden.

Indre fred

Å meditere er å være aktivt rolig ...

Meditasjon er «aktiv ro.» Passiv ro, som under søvn eller uvirksom dagdrømming, er vesensforskjellig fra aktiv ro – den positive tilstand av fred tilegnet gjennom vitenskapelig meditasjon.

Hver natt når du sover, får du en smak av fred og glede. Når du er i dyp søvn, lar Gud deg leve i den fredelige overbevissthet hvor all frykt og bekymring knyttet til denne eksistensen er glemt. Gjennom meditasjon kan du også oppleve denne hellige sinnets tilstand når du er våken, og uavbrutt være fordypet i helbredende fred.

Selv om du skulle være i stand til å utføre store verdslige bragder, vil du aldri oppleve glede lik den

Hvordan være «aktivt rolig»

som kommer gjennom meditasjon, når tankene er stille og ditt sinn er i samklang med Guds fred. [...]

Meditasjon åpner opp alle stengte, indre dører i ditt legeme, sinn og din sjel for å slippe inn strømmen av Guds kraft. Hele ditt legeme og hele ditt vesen forandrer seg når du mediterer regelmessig. Kontakt med Gud fører med seg indre harmoni i ditt liv idet du forenes med Hans fred. Men du må meditere målbevisst, konsekvent og kontinuerlig for fullt ut å erfare de gunstige virkninger av denne Uforlignelige Kraft.

Det alminnelige menneske er alltid rastløst. Når man begynner å praktisere meditasjon, blir man noen ganger rolig, men rastløs mesteparten av tiden. Gjennom dypere meditasjon, blir man halve tiden rolig og halve tiden rastløs. Og ved langvarig, trofast praksis vil man være rolig mesteparten av tiden, og rastløs en

Indre fred

gang iblant. Etter hvert som man fortsetter å meditere, oppnås tilstanden hvori man alltid er rolig, aldri rastløs. Hvor bevegelse opphører, begynner Gud.[1]

---

1 «Vær stille, og vit at jeg er Gud» (Salmenes bok 46:11).

Hvordan være «aktivt rolig»

Roens psykologi ...

Hvis du plasserer en krukke med vann i skinnet fra månen og deretter setter vannet i bevegelse, frembringer du en fordreid gjenspeiling av månen. Når du bringer bølgene i krukken til ro, blir gjenspeilingen tydelig. Tiden når vannet i krukken er i ro, og tydelig gjenspeiler månen, kan sammenlignes med den meditative tilstand av fred og den enda dypere tilstand av ro. Under meditasjonens fred er alle bølger av sanser og tanker fraværende fra sinnet. I den dypere tilstand av ro, opplever man i denne stillheten månegjenspeilingen av Guds nærvær.

Når den meditative fred blir dypere som ro og den absolutte, positive tilstand av lykksalighet, opplever den mediterende en glede som er alltid ny og alt-tilfredsstillende.

Indre fred

Virkelig, endeløs lykke beror på å avstemme bevisstheten gjennom meditasjon med dens sanne, alltid rolige sjelsnatur, og slik forhindre sinnet fra å ri på bølgekammene av sorg og glede, eller fra å synke ned i likegyldighetens dyp.

Dykk ned i den indre stillhet, igjen og igjen, ved å praktisere metodene for konsentrasjon og meditasjon som jeg har gitt deg, og du vil finne dyp fred og glede.

Det første bevis på Guds nærvær er en ubeskrivelig fred. Denne utvikler seg til en glede som er ufattelig for mennesket. Straks du har rørt ved Kilden av sannhet og liv, vil hele naturen adlyde deg.

Hvordan være «aktivt rolig»

Når du har funnet Gud i ditt indre, vil du finne Ham i det ytre, i alle mennesker og i alle situasjoner.

Indre fred

Meditasjon er en høyst praktisk vitenskap
...

Meditasjon er vitenskapen om Gudserkjennelse. Det er den mest praktiske vitenskap i verden.[2] De fleste mennesker ville ønske å meditere hvis de forsto dens verdi og opplevde dens gunstige virkninger. Det endelige formål med meditasjon er å oppnå bevisst erkjennelse av Gud og sjelens evige enhet med Ham. Hvilken oppnåelse kunne være mer hensiktsmessig og nyttig enn å knytte begrensede, menneskelige evner til Skaperens allestedsnærvær og allmakt? Erkjennelse av Gud gir den som mediterer velsignelsene av Herrens fred, kjærlighet, glede, styrke og visdom.

---

2 En innledende form for meditasjon, etter Paramahansa Yoganandas lære, starter på side 30. Den omfattende samling av teknikker han introduserte – den trinnvise yogavitenskap om konsentrasjon og meditasjon – er forklart i hans publiserte *Self-Realization Fellowship Lessons*. Se side 119.

Hvordan være «aktivt rolig»

Meditasjon er å benytte konsentrasjon i sin høyeste form. Konsentrasjon består i å frigjøre oppmerksomheten fra distraksjoner og rette den mot hvilken som helst tanke man måtte være interessert i. Meditasjon er den spesielle form for konsentrasjon hvor oppmerksomheten er frigjort fra rastløshet og er rettet mot Gud. Meditasjon er derfor konsentrasjon brukt for å lære Gud å kjenne.

Indre fred

Å starte en meditasjon ...

Sitt på en rett stol eller med bena i kors på et fast underlag. Hold ryggen rett og underkjeven parallell med gulvet.

Hvis du har inntatt den korrekte stilling vil ditt legeme være stabilt, likevel avslappet, slik at det er mulig å forbli helt i ro, uten å bevege en muskel. En slik ro, fri for rastløse kroppsbevegelser og -justeringer, er avgjørende for oppnåelsen av en dyp meditativ tilstand.

Med halvt lukkede øyne (eller helt, hvis det er mer komfortabelt for deg), se oppover og fokuser blikket og oppmerksomheten som om du ser ut gjennom et punkt mellom øyenbrynene. (En person

Hvordan være «aktivt rolig»

i dyp konsentrasjon «rynker» ofte pannen ved dette punktet.) Skjel ikke med øynene eller anstreng dem; det oppadvendte blikket faller naturlig når man er avslappet og rolig konsentrert. Det som *er* viktig er å feste *hele oppmerksomheten* ved punktet mellom øyenbrynene. Dette er sentret for Kristus-bevissthet, setet for det ene øye som Kristus talte om: «Øyet er legemets lys. Er ditt øye friskt, blir hele ditt legeme lyst» (Matteus 6:22). Når formålet med meditasjonen er oppfylt, vil den mediterende oppdage at bevisstheten automatisk er konsentrert ved det åndelige øye, og vil oppleve – i samsvar med den indre åndelige kapasitet – en tilstand av gledesfylt guddommelig forening med Ånden.

Indre fred

En pusteøvelse som forberedelse til meditasjon ...

Når du sitter i meditasjonsstillingen som nettopp er forklart, er neste forberedelse til meditasjon å bli kvitt opphopet karbondioksid i lungene, noe som forårsaker rastløshet. Pust hurtig ut gjennom munnen i en dobbel utpusting: «huh, huhhh.» (Denne lyden lages kun med pusten, ikke stemmen.) Trekk pusten dypt inn gjennom neseborene og spenn så legemet idet du teller til seks. Pust hurtig ut gjennom munnen i en dobbel utpusting: «huh, huhhh», og slipp spenningen. Gjenta dette tre ganger.

Hvordan være «aktivt rolig»

Konsentrer deg om sjelens fred og glede ...

Forbli rolig. [...] Si farvel til sanseverdenen – syn, hørsel, lukt, smak og berøring – og vend oppmerksomheten innover, hvor vår sjel uttrykker seg. [...]

Driv bort alle legemets sansninger; driv bort alle rastløse tanker. Konsentrer deg om tanken på fred og glede.

Indre fred

En meditasjon over fred ...

Kall mentalt på Gud med hele ditt hjertes glød og oppriktighet. Påkall Ham bevisst i stillhetens tempel. I dypere meditasjon, finn Ham i tempelet av ekstase og lykksalighet. [...] Gjennom dine tanker og følelser, send Ham din kjærlighet med hele ditt hjerte, sinn, sjel og styrke. Gjennom din sjels intuisjon, føl Guds manifestasjon som stor fred og glede fare gjennom skyene av din rastløshet. Fred og glede er Guds stemmer som lenge har slumret under din uvitenhet, forbigått og glemt i larmen av menneskelige begjær.

Guds rike er like bak mørket av lukkede øyne, og den første dør som leder dit er din fred. Pust ut og slapp av, og føl denne freden spre seg overalt, innvendig og utvendig. Fordyp deg i denne freden.

Pust dypt inn. Pust ut. Glem så åndedrettet. Gjenta etter meg:

«Fader, verdens og himlenes lyder er bragt til taushet.

Hvordan være «aktivt rolig»

«Jeg er i stillhetens tempel.

«Ditt evige rike av fred strekker seg ut lag på lag fremfor mitt blikk. Måtte dette endeløse riket, i lang tid skjult bak mørket, forbli åpenbart i mitt indre.

«Fred fyller mitt legeme; fred fyller mitt hjerte og lever i min kjærlighet; fred i mitt indre, fred i det ytre, fred overalt.

«Gud er fred. Jeg er Hans barn. Jeg er fred. Gud og jeg er ett.

«Uendelig fred omslutter mitt liv og fyller hvert av min tilværelses øyeblikk. Fred til meg selv; fred til min familie; fred til min nasjon; fred til min verden; fred til mitt kosmos.

«Velvilje til alle nasjoner, velvilje til alle skapninger; for alle er mine brødre og Gud er vår felles Far. Vi lever i Verdens Forente Stater med Gud og Sannhet som våre ledere.

«Himmelske Fader, måtte Ditt rike av fred oppstå på jorden slik som i himmelen, for at vi alle skal bli

Indre fred

befridd fra splittende disharmonier og bli fullkomne
borgere – i legeme, sinn og sjel – av Din verden.»

Hvordan være «aktivt rolig»

Mediter inntil du føler det guddommelige svar ...

Du burde fortsette å konsentrere deg ved sentret for Kristus-bevissthet mellom øyenbrynene, idet du ber dypt til Gud og Hans store helgener. Med ditt hjertes språk, påkall deres nærvær og deres velsignelser. En god praksis er å benytte en affirmasjon eller en bønn [...] og åndeliggjøre den med din egen hengivenhets lengten. Chant og be til Gud i stillhet, mens du holder oppmerksomheten ved punktet mellom øyenbrynene, inntil du føler Guds svar som rolig, dyp fred og indre glede.

Kapittel

III

Den åndelige kunst å slappe av: Å fjerne stress fra legeme og sinn

Eksponenter for kroppskultur, entusiaster innen helse, samt åndelige lærere snakker alle om emnet avslapning. Likevel forstår få personer hva fullkommen avslapning av legeme og sinn virkelig er, eller hvordan å oppnå en slik avslapning.

Slik en bil på tomgang forbrenner energi, er også personer – selv om de sover, sitter eller ligger ned – egentlig delvis anspent (lavt, middels eller høyt) i samsvar med graden av deres mentale uro. Følgelig

Indre fred

forbrenner de energi selv når deres legemer tilsynelatende hviler.

Når du sitter eller ligger, og føler deg fullstendig avslappet, gjør følgende test når luften er drevet ut av lungene: Få noen til å løfte dine hender eller føtter litt opp for så å slippe dem. Hvis dine lemmer faller med et dunk, uten at du ufrivillig anstrenger deg for å senke dem gradvis, er du avslappet.

Når enn du er sliten eller bekymret, anspenn hele legemet, slapp deretter av idet du puster hurtig ut, og du vil bli rolig. Når du kun svakt eller delvis anspenner deg i forkant av avspenningen, vil ikke all spenning fjernes; men når du anvender høy spenning, slik at du vibrerer med energi, og

Den åndelige kunst å slappe av

deretter raskt slapper av eller «gir slipp», oppnår du fullkommen avslapning.

Indre fred

Fjern spenninger fra musklene ...

[Teknikk[1] for å avspenne legemet:]

Anspenn med viljestyrke: Med viljens befaling, led livsenergien (gjennom anspennelse) til å strømme inn i hele legemet eller til en hvilken som helst legemsdel. Føl hvordan energien vibrerer der, hvordan den styrker og vitaliserer. *Slapp av og føl:* Slipp spenningen, og føl den beroligende kribling av nytt liv og ny vitalitet i dette oppladede området. *Føl* at du ikke er legemet; du er livet som opprettholder legemet. *Føl* freden, friheten, den økte årvåkenhet som kommer med roen fremkalt gjennom utøvelsen av denne teknikken.

---

[1] Forenklet fremstilling av en bestemt teknikk utviklet i 1916 av Paramahansa Yogananda for å lade legemet med vitalitet og for å fremme fullkommen avslapning; forklart i *Self-Realization Fellowship Lessons*. Det generelle prinsipp om å anspenne og avspenne muskler er i løpet av de siste årene blitt allment bifalt og benyttet i medisinsk vitenskap som et hjelpemiddel mot mange lidelser, inkludert reduksjon av nervøsitet og høyt blodtrykk.

Den åndelige kunst å slappe av

a. Pust inn og hold pusten.
b. Spenn forsiktig hele legemet, alle muskler samtidig.
c. Hold spenningen mens du teller fra 1 til 20, med dyp oppmerksomhet på hele legemet.
d. Pust ut og slipp spenningen.

Gjenta 3 ganger, når enn du måtte føle deg svak og nervøs.

Indre fred

Avslapning og mental fred ...

Et legeme som er avslappet og rolig fremmer mental fred.

Forstyrrende psykologiske tilstander kan i stor grad mildnes ved bevisst å fjerne deres ytre fysiologiske utslag. Frykt vil ofte få deg til å knytte nevene og bøye hodet litt fremover, og det vil med sikkerhet forårsake hjerteklapp. Hvis du holder øye med slike fysiologiske reaksjoner og avspenner hendene, retter opp ditt legeme, puster rolig og dypt, og etter en utpusting holder luften ute så lenge det er komfortabelt – mens du konsentrerer deg om den indre ro av åndeløs tilstand – vil du føle lindring i frykten.

Den åndelige kunst å slappe av

Å lære kunsten av mental avslapning ...

Noen mennesker har lært hvordan å slappe av fysisk, men ikke mentalt.

———•◆•———

Mental avslapning består i evnen til å kunne løsrive oppmerksomheten etter behag fra nagende bekymringer over fortidige eller nåtidige vanskeligheter; fra konstant pliktfølelse; fra redsel for uhell og annen hjemsøkende frykt; og fra grådighet, lidenskap, eller andre forstyrrende eller negative tanker og tilknytninger. Å mestre mental avslapning kommer gjennom trofast øvelse. Dette oppnås når man etter ønske er i stand til å rense sinnet for alle rastløse tanker og feste oppmerksomheten fullt og helt på freden og tilfredsheten i ens indre.

———•◆•———

Indre fred

Når du strever i vannet, er du ikke like bevisst vannet som du er ditt strev. Men når du gir slipp og slapper av, flyter du; da føler du hele sjøen svøpe seg beroligende rundt ditt legeme. Det er slik Gud er. Når du er rolig, føler du hele universet av glede mildt vuggende under din bevissthet. Den gleden er Gud.

Når du kan forbli rolig til alle tider, tross harde prøvelser, og når du er trygg i urokkelig tiltro til Gud, da er du mentalt avslappet.

Selv mental avslapning er kun én av de første tilstander av metafysisk eller overbevisst avslapning hvor det er fullstendig, viljestyrt tilbaketrekking av bevissthet og energi fra hele legemet, og fullstendig fordypning i ens sanne identitet: Ånden. Denne

Den åndelige kunst å slappe av

løsrivelse av bevissthet fra illusjonen om dualitet gir den høyeste form for mental avslapning.[2]

Fest din oppmerksomhet i ditt indre mellom øyenbrynene, på den grenseløse sjø av fred. Betrakt den evige sirkel av krusende fred rundt deg. Jo mer oppmerksomt du betrakter, desto sterkere vil du føle krusningene av fred spre seg fra øyebrynene til pannen, fra pannen til hjertet, og til hver celle i ditt legeme. Nå oversvømmer fredens vann breddene av ditt legeme, og strømmer over det veldige territorium av ditt sinn. Fredens flodbølge flyter over grensene av ditt sinn, og beveger seg videre i utallige retninger.

---

2 Denne lykksalige tilstand er målet med, og muliggjøres gjennom, utøvelsen av vitenskapen om *Kriya-yoga*-meditasjon, lært av Paramahansa Yogananda (se side 119).

Kapittel

IV

Hvordan være «rolig aktiv» – sentrert i fred uansett hva du måtte gjøre

Å være rolig aktiv og aktivt rolig – en fredens prins som sitter på likevektens trone og styrer aktivitetens kongedømme – er å være åndelig sunn. For mye aktivitet gjør en til en robot og for mye ro gjør en lat og upraktisk. Fred er gleden i livet; aktivitet er livets uttrykk. Det behøves en balanse mellom Vestens aktivitet og Østens ro.

Bevar din ro. Det alminnelige liv er lik en pendel som uopphørlig svinger frem og tilbake. Det fredfulle menneske forblir rolig inntil det er rede til å arbeide;

Indre fred

da svinger det mot handling. Straks arbeidet er ferdig, svinger det tilbake til roens senter. Du burde alltid være rolig, lik den stillestående pendel, men rede til å svinge mot sindig handling når enn det er nødvendig.

Hvordan være «rolig aktiv»

Å balansere ditt åndelige og materielle liv ...

Det materielle og det åndelige er kun to deler av ett univers og én sannhet. Ved å overbetone den ene eller andre del, mislykkes mennesket i å oppnå den nødvendige balanse for en harmonisk utvikling. [...] Praktiser kunsten å leve i denne verden uten å miste din indre sinnsro. Følg den balanserte vei for å nå den indre, vidunderlige hage av Selv-erkjennelse.

Den åndelige aspirant burde oppveie sin rastløshet-fremkallende materielle aktivitet med ro-fremkallende åndelig meditasjon.

Lær å være meget aktiv i denne verden ved å utføre konstruktivt arbeid; men når oppgavene er gjennomført, skru av din nervemotor. Trekk deg

Indre fred

tilbake i ditt innerste vesen, som er ro. Affirmer mentalt til deg selv: «Jeg er rolig. Jeg er ikke kun en nervemekanisme; jeg er Ånd. Selv om jeg bor i dette legemet, er jeg uberørt av det.» Hvis du har et rolig nervesystem vil du lykkes i alt du foretar deg, og du vil fremfor alt lykkes med Gud.

Hvordan være «rolig aktiv»

Gjør ditt liv enklere ...

Det moderne menneskes glede består i å skaffe seg mer og mer, og hva som skjer med andre betyr ingenting. Men er det ikke bedre å leve enkelt – uten så mange luksusgjenstander og med færre bekymringer? Det finnes ingen glede i å presse seg selv inntil man ikke kan nyte hva man har.

Det tar alt for mye tid og krefter å holde for mange eiendeler i god stand. Sannheten er at jo flere unødvendige «nødvendigheter» du har, desto mindre fred har du; og jo mindre du er eid av eiendelene, desto lykkeligere er du.

Indre fred

La deg ikke fange i denne verdens maskin – den er for krevende. Innen du får det du søker, er dine nerver utslitt, hjertet er skadet og leddene verker.

Mennesket trenger sårt å finne mer tid til å glede seg over naturen, å forenkle sitt liv og sine innbilte nødvendigheter, å glede seg over sitt livs sanne nødvendigheter, å lære sine barn og venner bedre å kjenne, og mest av alt, å kjenne *seg selv* og den Gud som skapte mennesket.

Hvordan være «rolig aktiv»

Tilbaketrukkethet er storhetens pris ...

Når dine oppgaver er fullført ved dagens slutt, sitt rolig i ensomhet. Finn en god bok og les den med oppmerksomhet. Mediter deretter lenge og dypt. Du vil finne mye mer fred og glede i dette enn i rastløse aktiviteter hvor ditt sinn løper løpsk i alle retninger. [...]

Hvis du dyrker vanen med å tilbringe tid alene i meditasjon i ditt hjem, vil stor styrke og fred bli deg til del, noe som vil forbli hos deg under så vel dine aktiviteter som under meditasjon. Tilbaketrukkethet er storhetens pris.

Oppsøk rolige steder hvor du regelmessig kan trekke deg tilbake og være fri til å tenke på Gud. Når du er sammen med mennesker, vær med dem helhjertet; gi dem din kjærlighet og oppmerksomhet. Men gi deg også tid til å være alene med Gud.

Indre fred

———◆———

Hvert menneske trenger et fristed, en stillhetens dynamo å kunne oppsøke med det ene formål å bli gjenoppladet av det Uendelige.

Hvordan være «rolig aktiv»

Hviledagens åndelige verdi ...

Seks hele dager og netter med maskinliknende eksistens, og deler av én dag (søndag) til kultivering av ens indre selv, er ikke en balansert livsstil. Uken burde være avsatt til arbeid, atspredelse, og åndelig praksis: fem dager til inntektservervelse, én dag til hvile og atspredelse, og minst én dag til introspeksjon og indre erkjennelse.

«Kom hviledagen i hu, så du holder den hellig!» I løpet av en uke på syv dager, hvor få er det ikke som vier selv én dag til Gud! Å sette av én dag for Ham er den beste investering i din egen velferd. Søndag er solens dag – visdommens skinnende dag. Mange unnlater å bruke den til å tenke på Gud, skjønt å gjøre dette er den høyeste visdom. Hvis du på denne dagen bare kunne være alene og stille for en stund, og nyte denne stillheten, ville du oppdage hvor mye bedre du føler deg. Overhold hviledagen på denne

Indre fred

måten, så vil den være en balsam for skadene etter de seks foregående dager. Alle trenger én dag i uken på det åndelige hospital for å helbrede sine mentale sår.

Hellighold ikke hviledagen som en pålagt plikt, gled deg over den. Når du gjør den til en dag med fred og tilfredshet, vil du se frem til den.

Du vil bli overrasket over hva det å være alene med Gud vil gjøre med sinn, legeme og sjel.

Indias vise tilråder ikke bare en fast dag for stillhet, men fremholder nødvendigheten av stille meditasjon fire bestemte tider hver dag. Om morgenen, før du står opp eller møter noen, forbli i ro og føl freden. Vær stille en stund midt på dagen før lunsj, og finn en ny tid til fred før kveldsmåltidet. Før du går til sengs, gå på ny inn i denne stillheten. De som

Hvordan være «rolig aktiv»

trofast overholder stillhet i avsondrethet under disse fire tidspunkter på dagen, kan ikke annet enn å føle seg i samklang med Gud. De som ikke kan klare fire ganger om dagen, burde sette av tid til Gud hver morgen og kveld. Ved å gjøre dette vil du oppnå et forandret, lykkeligere liv.

Sitt stille i meditasjon fire ganger hver dag og tenk med hele ditt hjertes kjærlighet og lengsel: «Jeg er hos den Uendelige nå. 'Fader, åpenbar Deg, åpenbar Deg.'» Streb mot å føle freden av Hans nærvær. Bad ditt sinn og legeme i denne freden, og du vil lykkes mye mer i livet. Det rolige menneske begår ikke feil. Mens tusener av andre mislykkes, vil dette mennesket lykkes. De som ikke etterlever hviledagen ved å føle denne guddommelige freden, utvikler sterk humørsyke. De blir som nervøse roboter. Gjennom stillhetens portaler vil den helbredende sol av visdom og fred skinne på deg.

Indre fred

Ro bringer harmoni og god dømmekraft i alle aktiviteter ...

En rolig person holder sine sanser fullstendig identifisert med omgivelsene denne befinner seg i. En rastløs person legger ikke merke til noe og skaper følgelig problemer for seg selv og andre, og misforstår alt. En rolig person, i kraft av sin selvbeherskelse, lever alltid i fred med andre, er alltid lykkelig, alltid rolig. La aldri sentret for din konsentrasjon endre seg fra ro til rastløshet. Utfør aktiviteter kun med konsentrasjon.

Mange mennesker tror at deres handlinger må være enten rastløse eller langsomme. Dette er ikke tilfelle. Hvis du holder deg rolig, med intens konsentrasjon, vil du utføre alle oppgaver med den rette hastighet. Den sanne handlingens kunst beror på å være i stand til å handle langsomt eller hurtig uten å

Hvordan være «rolig aktiv»

miste din indre fred. Den riktige metode er å etablere en kontrollert holdning, hvori du kan arbeide med ro uten å miste din likevekt.

Gjenreis din ro fra jordsmonnet av rastløshet; gjenreis din visdom fra uvitenhetens tildekkende jordiskhet.

Lær å ta del i dette kosmiske drama med et fullstendig samlet og likevektig sinn.

Ro er den nødvendige hovedfaktor i ethvert uttrykk for god dømmekraft.

Indre fred

Vær rolig hele tiden og unngå nervøs emosjonalitet som medfører feilaktig tankegang.

En rolig person reflekterer fred i sine øyne, skarp intelligens i sitt ansikt, og den rette mottakelighet i sitt sinn. Denne er en person med besluttsom og umiddelbar handlekraft, men er ikke styrt av impulser og ønsker som plutselig måtte inntreffe. En rastløs person er lik en marionett som danser etter tilskyndelsen fra emosjonelle ønsker, oppstått som svar på fristelser tilbudt av andre. Husk å arbeide, enten langsomt eller hurtig, fra et senter av ro.

Åpne døren til din ro og la stillhetens fottrinn varsomt stige inn i tempelet av alle dine aktiviteter. Utfør alle oppgaver med uforstyrret ro, fylt av fred.

Hvordan være «rolig aktiv»

Bak dine hjerteslag vil du føle pulseringen av Guds fred.

Kapittel

V

Fred i ditt daglige liv: Grunnleggende prinsipper og metoder

Hvis du kontinuerlig skriver ut sjekker uten å sette inn penger på din bankkonto, vil du snart gå tom for penger. Slik er det også med ditt liv. Uten regelmessige innskudd av fred på din livskonto, vil du gå tom for styrke, ro og lykke. Du vil til slutt gå konkurs – følelsesmessig, mentalt, fysisk og åndelig. Men daglig kommunisering med Gud vil kontinuerlig etterfylle din indre konto.

Alle har til tider vært nervøse, mer eller mindre, uten å vite hvorfor. [...] Rastløshet og følelsesmessig opphisselse samler for mye energi i nervene slik at de

Indre fred

begynner å slites ned. Etter mange år vil de uheldige virkninger av denne nervøsiteten vise seg. Nervene er meget hardføre – Gud skapte dem slik ettersom de skal vare livet ut – men det er nødvendig å gi dem den rette omsorg. Når du ikke overbelaster nervesystemet, som når du er i dyp søvn eller i en tilstand av ro under meditasjon, er du ikke nervøs i det hele tatt.

Nervøsitet kan kureres. Den lidende må være villig til å analysere sin tilstand og fjerne de nedbrytende følelser og negative tanker som litt etter litt ødelegger vedkommende. Objektiv analyse av ens problemer, og å bevare roen i alle livets situasjoner vil helbrede det mest hårdnakkede tilfelle av nervøsitet.

Fred i ditt daglige liv

Ransak deg selv for å finne ut om du er nervøs, og fastslå deretter hva det er som gjør deg nervøs.

Indre fred

Årsaker til stress og nervøsitet ...

Forstyrrelse av mental likevekt, som fører til nervesykdom, forårsakes av kontinuerlige tilstander av spenning eller overdrevne sansestimuli.

Å vedvarende nære tanker omkring frykt, sinne, melankoli, samvittighetskval, misunnelse, sorg, hat, misnøye eller bekymring, samt mangel på nødvendighetene for et normalt og lykkelig liv – slik som riktig diett, riktig mosjon, frisk luft, solskinn, passende arbeid og et formål med livet – er alle årsaker til nervøse lidelser.

Enhver voldsom eller vedvarende mental, følelsesmessig eller fysisk spenning vil i stor grad forstyrre eller bringe ut av balanse strømmen av livskraft gjennom hele den sensorisk-motoriske mekanisme og sansenes lamper. Hvis vi kopler en 120-volts lyspære til en 2000-volts strømkilde, vil lyspæren brennes ut. Tilsvarende er ikke nervesystemet skapt for å tåle den

Fred i ditt daglige liv

destruktive kraft av intense følelser eller vedvarende negative tanker og følelser.

———◆◆———

En annen årsak til nervøsitet, skjønt du kanskje ikke er klar over det, er støyen fra radio og TV som pågår i timevis. All lyd får nervene til å reagere.[1] Et studium gjennomført i Chicagos politidepartement, viste at hvis mennesker ikke ble utsatt for bombardementene av lyder fra det moderne levesett, som er særlig inntrengende i byer, ville de kunne leve flere år lenger. Lær å nyte stillhet; lytt ikke til radio og TV i timevis, eller la disse støye tankeløst i bakgrunnen hele tiden.

---

1 Mange forskere har beskrevet de negative virkninger av støy på menneskets helse, blant andre Dr. Samuel Rosen, professor i øre-, nese- og halssykdommer ved Colombia University, som skrev: «Det er en kjent sak at høylytt støy forårsaker virkninger som mottakeren ikke kan kontrollere. Blodkarene trekker seg sammen, huden blekner, de viljestyrte og ikke-viljestyrte muskler anspennes, og adrenalin blir plutselig sprøytet inn i blodstrømmen, noe som øker nevromuskulær spenning, nervøsitet, irritabilitet og angst.»

Indre fred

Alle former for kjøtt fra høyerestående dyr, særlig okse og svin, er skadelig for nervesystemet; de er overstimulerende og forårsaker aggressivitet. Unngå for mye stivelse, særlig fra mat som er laget av raffinert mel. Spis helkorn, cottage cheese og rikelig med frukt, fruktjuicer og friske grønnsaker – disse er viktige. Og selvfølgelig blir nervesystemet ødelagt av alkoholholdige drikker og narkotiske stoffer; hold deg unna disse.

En yogisk drikk som er meget bra for nervesystemet lages ved å blande knust kandissukker og frisk limejuice i et glass vann. Det bør blandes grundig og være jevnt tilmålt slik at smaken er like søt som sur. Jeg har anbefalt dette til mange med utmerkede resultater.

Fred i ditt daglige liv

Husk at den beste helbredelse av nervøsitet finner sted når vi bringer våre liv i samklang med Gud.

Indre fred

Kjenn de guddommelige lover for indre fred og lykke ...

Moral, lik en kameleon, har en tendens til å anta fargen fra det omgivende samfunn; men Naturens uransakelige lover, som Gud opprettholder Sin skapelse med, forblir alltid uforandret tross menneskets bestemmelser.

Lykke er rotfestet i moralitet og edelmodighet.

De som går imot guddommelig lov, betaler for det gjennom mangel på indre fred.

Fred i ditt daglige liv

Filmstjerner og andre profesjonelle entertainere blir ansett som Amerikas vakre mennesker. Men hvorfor befinner deres privatliv seg så ofte i et kaos av elendighet og flerfoldige skilsmisser? De fleste av dem lever altfor mye på nervøs energi som er konsentrert i sansene. Overspising, tilfeldig sex, beruselse av vin og stoffer – alle disse gir en falsk lykke.

[Moralske lover] harmoniserer legeme og sinn med naturens, eller skapelsens, guddommelige lover, og gir indre og ytre velvære, lykke og styrke.

Dette er årsaken til at moralsk suksess – frihet fra feilaktige vaners og impulsers befalinger – gir større lykke enn materiell suksess. I moralsk suksess er det en psykologisk lykke som ikke noe fysisk forhold

Indre fred

kan fjerne. [...] Anvend de tanker og handlinger som fører til lykke.

———◆———

De som i sitt indre er tilfreds, lever riktig. Lykke kommer bare ved å gjøre det som er riktig.

Fred i ditt daglige liv

Nervøsitet er en sivilisasjonens sykdom ...

Nervøsitet er en sivilisasjonens sykdom. Jeg husker da noen av oss kjørte oppover Pikes Peak i Colorado. Andre biler hastet forbi oss opp den bratte, svingete skråningen. Jeg trodde de skyndte seg for å nå fjelltoppen i tide til å kunne se solnedgangen. Til min store forbauselse var vi de eneste på toppen som var utendørs for å se utsikten. Alle andre var i restauranten og drakk kaffe og spiste smultringer. Tenk det! De hastet til toppen og hastet tilbake, kun for gleden ved senere å kunne si at de hadde vært der, og hadde hatt kaffe og smultringer på Pikes Peak. Dette er hva nervøsitet forårsaker.

Vi burde ta oss tid til å glede oss over ting – skjønnhetene i Guds skapelse, livets mange velsignelser – men unngå overdreven spenning, rastløshet, og brå sinnsbevegelser som brenner opp nervesystemet.

Indre fred

—◆—

Hvis du tilbringer livet i konstant spenning, vil du aldri oppleve sann lykke. Lev enkelt og ta livet mer med ro. Lykke ligger i å gi deg selv tid til å tenke og kontemplere. Vær alene en gang iblant, og forbli mer i stillhet.

Fred i ditt daglige liv

Å overvinne bekymring ...

Alle trenger å gi slipp på sine bekymringer og gå inn i absolutt stillhet hver morgen og kveld. Prøv i slike perioder å ta ett minutt av gangen uten å tenke på dine problemer. Konsentrer deg i stedet om den indre fred. Prøv deretter å konsentrere deg om denne indre fred i flere minutter av gangen. Tenk så på en eller annen gledelig hendelse; dvel ved den, og visualiser den; gjenopplev denne hyggelige opplevelsen mentalt gjentatte ganger inntil du har fullstendig lagt fra deg dine bekymringer.

Når du avslutter ditt arbeid for dagen, glem det; ikke gjenoppta det mentalt og bring det med deg hjem. Bekymring bare fordunkler ditt sinn slik at du ikke kan tenke klart. [...]

Å simpelthen ignorere problemer vil ikke løse dem; men det vil heller ikke bekymring

Indre fred

omkring dem. Mediter inntil du blir rolig. Vend så oppmerksomheten mot ditt problem og be dypt om Guds hjelp. Konsentrer deg om problemet, og du vil kunne finne en løsning uten å gå gjennom engstelsens smertefulle påkjenning.

Når vi har for mye å gjøre på én gang, blir vi svært motløse. I stedet for å bekymre deg over hva som burde bli gjort, bare si: «Denne timen er min. Jeg vil gjøre det beste jeg kan.» Klokken kan ikke skride av gårde tjuefire timer på ett minutt, og du kan ikke gjøre på én time det du kan gjøre på tjuefire timer. Lev hvert øyeblikk fullstendig og fremtiden ordner seg selv. Nyt til fulle underet og skjønnheten i hvert øyeblikk. Dyrk nærværet av fred. Jo mer du gjør det, desto mer vil du føle nærværet av denne kraften i ditt liv.

Fred i ditt daglige liv

I stedet for å kaste bort tid på engstelser, tenk heller positivt på hvordan årsaken til problemet kan fjernes. Dersom du ønsker å bli kvitt et problem, analyser rolig din vanskelighet, skriv ned punkt for punkt sakens for og imot, og avgjør så hvilke tiltak som best kan hjelpe deg til å oppnå ditt mål.

Fyll ikke ditt sinn daglig med nye giftige bekymringer som du selv skaper. [...] Hvis du blir smittet av bekymringens bakterier, burde du starte en strikt mental diett. Du burde regelmessig ernære deg på et samvær med glade sinn. Du burde hver dag, om så bare en liten stund, slutte lag med gledesfylte personer – de som mediterer og føler Guds glede som en virkelighet. Oppsøk dem og nyt denne høyst vitaliserende føde av glede sammen med dem. Ernær deg på latter i selskap med disse virkelig gledesfylte personer. Fortsett trofast din latterdiett straks du har

Indre fred

startet den. Og etter en måned eller to vil du se en forandring – ditt sinn vil bli fylt med solskinn.

Glem fortiden, for den er forsvunnet fra ditt domene! Glem fremtiden, for den er utenfor din rekkevidde! Kontroller nåtiden! Lev på den aller beste måte nå! Det vil renvaske den mørke fortid, og tvinge fremtiden til å bli lys! Dette er de vises vei.

Fred i ditt daglige liv

Å overvinne frykt ...

Kast av deg frykten. Hva er det å være redd for? Selv en smule frykt, lik en meningsløs engstelse for mørket eller en bekymring for ting som «kan» skje, påvirker nervene mer enn du kan forestille deg.

Vær aldri redd for noe. Frykt er en form for nervøsitet. Så lenge du ikke er død, er du i live; så hvorfor skulle du være redd? Og straks du er død, er alt over og du vil ikke huske noe; så hvorfor bekymre seg?

Frykt kommer fra hjertet. Hvis du noen gang føler deg overmannet av angst for sykdom eller ulykke i en eller annen form, bør du puste dypt inn og ut – rolig og rytmisk flere ganger – og slappe av for hver gang

Indre fred

du puster ut. Dette hjelper blodsirkulasjonen til å normalisere seg. Hvis ditt hjerte er fullstendig fredfylt, kan du overhodet ikke føle redsel.

Erkjennelsen av at all evne til å tenke, snakke, føle og handle kommer fra Gud, og at Han for alltid er med oss gjennom inspirasjon og veiledning, fører med seg en umiddelbar frihet fra nervøsitet. Glimt av gudommelig glede kommer med denne erkjennelsen. Noen ganger vil en dyp, opplysende innsikt fylle hele ens vesen og fordrive selve ideen om frykt. Lik et hav skyller Guds kraft inn, strømmende gjennom hjertet i en rensende bølge og fjerner alle hindringer av illusorisk tvil, nervøsitet og frykt. Materiens illusjon – bevisstheten om kun å være et dødelig legeme – overvinnes ved å kontakte Åndens milde ro gjennom daglig meditasjon. Da vil du vite at legemet kun er en liten boble av energi i Hans kosmiske hav.

Fred i ditt daglige liv

Å overvinne vrede med indre fred ...

Fravær av vrede er den hurtigste vei til sinnsro.

Sinne oppstår gjennom hindring av ens ønsker. [...] Den som ikke forventer noe fra andre, men vender seg til Gud for all oppfyllelse, kan ikke føle vrede overfor sine medmennesker eller bli skuffet over dem. En vis person er tilfreds med kunnskapen om at Herren styrer universet. [...] Han eller hun er frigjort fra raseri, fiendtlighet og bitterhet.

Fred *(shanti)* er en gudommelig kvalitet. [...] Den som er forenet med «Guds fred, som overgår all forstand»[2] er lik en yndig rose som sprer duften av ro og harmoni rundt seg.

---

2 Paulus' brev til filipperne 4:7.

Indre fred

Affirmer guddommelig ro og fred, og spre kun tanker av kjærlighet og velvilje hvis du ønsker å leve i fred og harmoni. Bli aldri sint, da sinne forgifter din organisme. Prøv å forstå mennesker som går deg imot, og når noen prøver å provosere deg, si mentalt: «Jeg har det for bra til å bli sint. Jeg vil ikke bli syk av sinne.»

Unngå å si noe når du er sint. Vel vitende om at det er en sykdom, lik en begynnende forkjølelse, løs den opp gjennom mentale, varme bad bestående av tanken på dem du aldri kan bli sint på, uansett hvordan de oppfører seg. Hvis dine emosjoner er for voldsomme, ta en kald dusj, eller legg et stykke is over medulla oblongata, på tinningene like over ørene, på pannen, særlig mellom øyenbrynene, og på toppen av hodet. [...]

Fred i ditt daglige liv

Sinne er lik gift for fred og ro. [...] Vær likegyldig overfor de som ser ut til å nyte å gjøre deg sint. Når sinne kommer, sett i gang ditt maskineri av ro for å fabrikkere motgiftene av fred, kjærlighet og tilgivelse som fordriver sinne. Tenk på kjærlighet, og reflekter over at slik du ikke ønsker andre skal være sint på deg, ønsker du heller ikke at andre skal føle ditt heslige sinne. [...]

Utvikle metafysisk fornuft og tilintetgjør sinne. Anse den sinne-oppviglende person som et Guds barn; tenk på vedkommende som en fem år gammel lillebror som kanskje uforvarende har dolket deg. Du burde ikke nære et ønske om å dolke denne lillebroren i gjengjeldelse. Tilintetgjør sinne mentalt ved å si: «Jeg ønsker ikke å forgifte min fred med sinne; jeg ønsker ikke å forstyrre min sedvanlige gledefrembringende ro med vrede.»

Indre fred

Husk at hvis du forblir rolig i ditt indre under alle forhold, kan du overvinne hva og hvem som helst. Ekte ro betyr at Gud er hos deg. Hvis du blir rastløs, vil du irritere folk og de vil bli sint på deg. Da vil du bli ulykkelig. [...]

Hvis noen prøver å skape problemer for deg, affirmer vedvarende: «Jeg er fred, jeg er rolig», og gjenta dette dypt og inderlig. Uansett hvordan andre måtte prøve å skade deg, hold fast på denne freden. Dine nerver vil da bli rolige.

Hvis noen kan få deg sint, har du ennå ikke oppnådd fullkommen ro; men å beholde roen betyr ikke at du bør la andre gjøre deg til en dørmatte. Enkelte ganger er det nødvendig å la andre forstå at du mener alvor; men du er et Guds barn og burde aldri bli sint. Jo oftere du mister besinnelsen, desto lengre vil du forbli i den illusoriske, jordiske bevissthet; men hvis du forblir rolig i ditt indre, demonstrerer du roen til et ekte Guds barn.

Fred i ditt daglige liv

Fred i hjemmet ...

Etter hvert som du finner din sjels reservoar av fred, vil stridigheter i stadig mindre grad være i stand til å hjemsøke ditt liv.

Husk at den største prøve på ens åndelige streben, beror på selvkontroll i eget hjem – særlig hvis det er uharmonisk. Hvis et menneskes indre fred kan oppvise stabilitet og styrke i hjemmet, og hvis det overvinner andres kranglevorne tilbøyeligheter gjennom sine vedvarende, vakre uttrykk av uforgjengelig kjærlighet, da vil det bli en fredens prins.

Gjør ditt hjem til et fredens sted.

Indre fred

Hvis din mann eller kone blir sint og vekker ditt raseri, gå en liten tur og ro deg ned før du svarer. Hvis han eller hun snakker spydig, svar ikke på samme måte. Det er bedre å forbli stille inntil sinnet har lagt seg. [...] La aldri noen frarøve deg din fred; og berøv ikke andre deres fred med verbale ufinheter. [...]

Hvis din kone skriker til deg og du skriker tilbake, vil du lide dobbelt – én gang av hennes skarpe ord og igjen av dine egne. Du skader først og fremst deg selv. Innen du er ferdig, vil du føle at det ikke er noe igjen av deg. Dette er årsaken til så mange skilsmisser.

Oppriktig talt, folk burde ikke gifte seg før de har lært en viss kontroll over deres emosjoner. Skolen burde utdanne unge elever i denne kunsten, samt hvordan å utvikle ro og konsentrasjon. Amerikanske hjem går i oppløsning fordi det ikke blir undervist i dette – verken i hjemmet eller i skolen. Hvordan kan to mennesker som har grodd fast i nervøs aktivitet,

Fred i ditt daglige liv

leve sammen uten å omtrent ødelegge hverandre med deres nervøsitet? I starten av et ekteskap lever bruden og brudgommen på følelsene av spenning og lidenskap. Men etter en stund, når disse uunngåelig begynner å avta, kommer parets sanne natur til syne, og krangling og desillusjonering setter inn.

Hjertet krever sann kjærlighet, vennskap og, fremfor alt, fred. Når freden blir ødelagt gjennom emosjoner, er det en vanhelligelse av det legemlige tempel. Et sunt nervesystem vil holde alle legemets organer og følelser i god stand. Og for å holde nervesystemet sunt, er det viktig å forbli fri fra ødeleggende emosjoner som frykt, sinne, grådighet og sjalusi.

Disse etsende mentale parasitter tærer bort selve karakteren av ens vesen. De brenner og ødelegger den indre fred – ens største rikdom.

Indre fred

Vær ikke nærtagende eller overfølsom ...

Overfølsomhet kommer til uttrykk gjennom mangel på kontroll over nervesystemet. Tanken på å bli fornærmet farer gjennom ens sinn og nervene protesterer mot den. Som reaksjon syder noen mennesker av sinne og sårede følelser i sitt indre og viser ingen irritasjon i det ytre. Andre uttrykker deres følelser med en tydelig og umiddelbar reaksjon i øyne- og ansiktsmuskler – og dessuten ofte med skarp munnbruk. I begge tilfeller – å være nærtagene er å gjøre seg selv ulykkelig, samt å skape en negativ vibrasjon som også påvirker andre ugunstig. Å alltid være i stand til å spre en aura av godhet og fred burde være drivkraften i livet. Selv om det er god grunn til å bli opprørt av urett, vil den som i stedet behersker seg i en slik situasjon være mester over seg selv.

Fred i ditt daglige liv

Ingenting blir oppnådd ved å ruge i det stille over en eller annen opplevd krenkelse. Det beste er ved selvkontroll å fjerne årsaken som frembringer en slik ømfintlighet.

Når noe plager deg – uansett hvordan du vil rettferdiggjøre din bedrøvelse – vit at du er i ferd med å bukke under for overdreven følsomhet og at du ikke må gi etter for den. Overfølsomhet er en verdslig vane, en nervøs vane, en fredsødeleggende vane som tar bort din kontroll over deg selv og fraøver din lykke. Hver gang et følelseslune hjemsøker ditt hjerte, vil dets støy hindre deg i å høre den guddommelige sang av helbredende fred som spilles i ditt indre gjennom sjelens radio. Hver gang overfølsomhet melder seg, prøv straks å overvinne denne emosjonen.

Indre fred

Hvis du holder fast på beslutningen om aldri å miste din ro, kan du oppnå guddommelighet. Bevar et hemmelig kammer av stillhet inne i deg, hvor du ikke vil la humørsvingninger, prøvelser, kamper eller disharmoni slippe inn. I dette fredens kammer vil Gud besøke deg.

Ansiktet er gjenspeilingen av ditt indre selv; hjertet, følelsens kilde, er utgangspunkt for denne gjenspeilingen. Ditt ansikt burde være en inspirerende tale. Din adferd burde være en ledestjerne som andre kan følge, et fyrtårn hvor forliste sjeler kan finne veien til sikkerhet i fredens havn.

Affirmasjoner:

Gjenta denne affirmasjonen daglig: «Jeg vil verken være lat eller febrilsk aktiv. Under enhver utfordring i livet skal jeg gjøre mitt beste uten å bekymre meg for fremtiden.»

Innse at det endeløse nærvær av den Himmelske Fader for alltid er i ditt indre. Si til Ham: «I liv og død, i helse og i sykdom, engster jeg meg ei, O Herre, for jeg er i all evighet Ditt barn.»

Kapittel

VI

Visdomsperspektivet som leder til indre fred

Livets essens og hensikt er en gåte – vanskelig, men ikke umulig å fatte. Med vår progressive tankevirksomhet løser vi daglig noen av livets hemmeligheter. Denne moderne tidsalders utførlige og vitenskapelig veloverveide innretninger er i sannhet bemerkelsesverdige. De stadig flere oppdagelser innen fysikk gir oss et troverdig klarere syn på hvordan livet kan forbedres. Men tross alle våre redskaper, strategier og oppfinnelser, virker det likevel som om vi er leketøy i skjebnens hender og at vi har en lang vei å gå før vi kan være uavhengig naturens herredømme.

Indre fred

Å konstant være prisgitt naturen er visselig ikke frihet. Våre entusiastiske sinn rammes brått av hjelpeløshet når vi blir ofre for flodbølger, tornadoer eller jordskjelv – eller når sykdom og ulykker, tilsynelatende uten mål og mening, river bort våre kjære fra våre favntak. Det er da vi virkelig forstår at vi ikke har overvunnet mye. Tross all vår innsats for å skape livet til hva vi ønsker det skal være, vil det alltid gjenstå visse vilkår – uuttømmelige, ledet av en ukjent Intelligens og holdt i gang uavhengig av våre initiativ – som utenfor vår kontroll er innført på denne planeten. I beste fall kan vi kun arbeide og gjøre noen forbedringer. Vi sår kornet og lager mel, men hvem skapte det opprinnelige frøet? Vi spiser brødet som er laget av melet, men hvem gjorde det mulig for oss å fordøye og assimilere det?

På hvert område i livet ser det ut til å være, tross all vår medvirkning, et uunngåelig Guddommelig avhengighetsforhold som vi ikke kan være foruten. Tross alle våre sikkerheter, må vi likevel forbli i en

Visdomsperspektivet som leder til indre fred

usikker tilværelse. Vi vet ikke når hjertet vil svikte. Følgelig oppstår nødvendigheten av en fryktløs tro på vårt udødelige Selv, og på den Høyeste Guddom hvis bilde Selvet er skapt i – en tro som handler uten egoisme, og som jevnt og trutt trasker lystig videre, blottet for engstelse og ufrihet.

Dyrk frem absolutt fryktløs overgivelse til denne Høyere Kraften. Ikke la deg hefte ved at du i dag bestemmer deg for å være fri og uredd, for så å pådra deg en forkjølelse i morgen og bli begredelig syk. Ikke gi deg! Kommander din bevissthet til å forbli stø i dens tro. Selvet kan ikke bli smittet av sykdom.

Oppfør deg ikke som et krypende dødelig vesen. Du er et Guds barn!

Indre fred

Du er skapt i Hans bilde. Du kan ikke bli krenket eller skadet av steiner, heller ikke bomber, maskingevær og atombomber. Husk at det beste tilfluktssted er i din sjels stillhet. Og hvis du kan videreutvikle denne stillheten, kan ikke noe i denne verden skade deg [...] Du vil kunne stå klippefast under kollisjonen av verdener som bryter sammen.

Fest din lit til Gud. Jo mer du søker fred i Ham, desto mer vil denne freden tilintetgjøre dine bekymringer og lidelser.

Visdomsperspektivet som leder til indre fred

Betrakt livets skue som et kosmisk drama
...

Det fortidige Indias *rishier*, som trengte inn i den Opprinnelige Årsak bak Eksistensen, erklærer [...] at denne verden er Guds *lila*, eller Hans guddommelige lek. Det kan se ut til at Herren, som et lite barn, elsker å leke, og Hans *lila* er den endeløse variasjon i en alltid-skiftende skapelse. [...]

Gud skapte dette drømmeuniverset for å underholde Seg Selv og oss. Den eneste innvending jeg har mot Guds *lila* er denne: «Herre, hvorfor tillot Du lidelse som en del av leken?» Smerten er så avskyelig og pinefull. Eksistensen blir da ikke lenger underholdning, men en tragedie. Her er det at helgeners mellomkomst gjør seg gjeldene. De minner oss om at Gud er allmektig, og hvis vi forener oss med Ham vil vi ikke lenger bli skadet i denne lekestuen Hans. Det er vi som utsetter oss selv for smerte hvis vi bryter de guddommelige lover Han baserer hele

Indre fred

universet på. Vår redning er å forene oss med Ham. Med mindre vi samstemmer oss med Gud, og dermed vet at denne verden ikke er annet enn en kosmisk forestilling, er vi dømt til å lide. Det virker som om lidelse er en nødvendig disiplinering for å påminne oss om å søke forening med Gud. Da vil vi, som Ham, bli underholdt av denne fantastiske forestillingen.

Du har kommet til jorden for å underholde og å bli underholdt. Dét er grunnen til at livet burde være en kombinasjon av både meditasjon og aktivitet. Det er når du mister din indre balanse at du er sårbar overfor jordisk lidelse. [...] Vekk opp ditt sinns indre styrke ved å affirmere: «Uansett hvilke opplevelser som kommer, kan de ikke berøre meg. Jeg er alltid lykkelig.»

Visdomsperspektivet som leder til indre fred

Betrakt livet som en kosmisk filmforestilling. Da kan den ikke lenger kaste sin illusoriske trolldom over deg. Vær i Guds lykke. [...] Han har allerede skapt deg slik Han Selv er. Det er dette du ikke innser fordi du kun anerkjenner at du er et menneske, og ikke vet at denne holdningen er en villfarelse.

Guds drømmeskapelse var ikke ment til å skremme deg, men for å anspore deg til endelig å erkjenne at den ikke har noen realitet. Så hvorfor være redd noe som helst? Jesus sa: «Står det ikke skrevet i deres lov: Jeg har sagt: Dere er guder?» (Johannes 10:34).

Dere er udødelige og er utrustet med evig glede. Glem aldri dette under deres lek med det omskiftelige

Indre fred

liv. Denne verden er kun en scene hvor dere spiller deres roller under ledelse av den Guddommelige Regissør. Spill dem godt, enten de er tragiske eller komiske, samtidig som dere alltid husker at deres virkelige natur er evig Lykksalighet, og ingenting annet. Det eneste som aldri vil forlate dere, straks dere transcenderer alle ustabile mentale tilstander, er deres sjels glede.

Visdomsperspektivet som leder til indre fred

Lev i uforstyrret sinnsro ...

Helgener har oppdaget at lykken beror på en vedvarende mental tilstand av uforstyrret fred gjennom alle opplevelser knyttet til jordiske dualiteter. Et foranderlig sinn opplever en foranderlig skapelse og lar seg lett opprøre; den urokkelige sjel og det uforstyrrede sinn ser derimot den Evige Ånd bak forandringens masker.

Testen på menneskets visdom er dets sinnsro. Små steiner som blir kastet i bevissthetens innsjø burde ikke bringe hele innsjøen i opprør.

Indre fred

Livet er en forestilling; ikke ta det for alvorlig ...

Hvorfor ta livets overfladiske detaljer så alvorlig? Vær beruset av den guddommelige erkjennelses indre fred, uavhengig din jordiske skjebne.

Om mennesket er opprørt eller rolig, vil livet for alltid følge sin egen merkelige bane. Bekymring, frykt og motløshet øker bare vekten av daglige byrder; munterhet, optimisme og viljestyrke gir løsninger på problemene. Den beste måte å leve på er å betrakte livet som et kosmisk spill, med sine uunngåelige kontraster av nederlag og seier. Nyt utfordringene slik du ville det i en idrettsgren, uavhengig om du i øyeblikket er seirende eller beseiret.

Visdomsperspektivet som leder til indre fred

La din høyeste prioritet være å dyrke ditt forhold til Gud og din indre lykke gjennom daglig sjelsoppvåknende meditasjon. Når du befinner deg i den fullkomne ro av din sjels bevissthet, ser du Gud bevege seg i all skapelse. Du opplever ikke verden lenger som et mareritt av problemer, men som et underholdende skue til å glede seg over. Da skal du smile fra ditt vesens dyp, et smil som aldri kan tilintetgjøres.

Indre fred

Ved å kjenne Gud, kan du stå klippefast under kollisjonen av verdener som bryter sammen ...

Praktiser meditasjon og Gudskommunisering regelmessig, og du vil kunne smake vinen av glede og hygge hele tiden, uansett dine ytre omstendigheter. Ved å drikke nektaren av indre fred fra din erkjennelses englehender, vil du drukne forstyrrelsene og sorgene i ditt daglige liv.

Gud er til stede på fredens trone i ditt indre. Finn Ham der først, og du vil finne Ham i alt som er godt og meningsfylt i livet: i sanne venner, i naturens skjønnhet, i gode bøker, dype tanker og edle ambisjoner. Ved å finne Gud i ditt indre, vil du vite at hva enn som i livet gir deg varig fred, tilkjennegir for deg Guds evige nærvær i det ytre så vel som i ditt indre. Når du kjenner Gud som fred i ditt indre, vil du erkjenne Ham som den fred som eksisterer i alle ytre tings universelle harmoni.

OM FORFATTEREN

PARAMAHANSA YOGANANDA (1893-1952) er allment regnet som en av de fremtredende åndelige skikkelser i vår tid. Han var født i Nord-India og kom i 1920 til De forente stater hvor han i mer enn tretti år underviste i Indias urgamle meditasjonsvitenskap og i kunsten å leve et balansert liv. Gjennom sin kritikerroste livsskildring, *En yogis selvbiografi*, og sine tallrike andre bøker, har Paramahansa Yogananda gitt millioner av lesere en introduksjon i Østens evige visdom. I dag er hans åndelige og humanitære arbeid videreført av Self-Realization Fellowship, det internasjonale samfunn han i 1920 grunnla for utbredelsen av hans lære på verdensbasis. Nåværende president og åndelige overhode for Self-Realization Fellowship er Brother Chidananda.

En prisbelønnet dokumentarfilm om Paramahansa Yoganandas liv og arbeid, *Awake: The Life of Yogananda*, ble lansert i oktober 2014.

YTTERLIGERE INFORMASJON OM PARAMAHANSA YOGANANDAS KRIYA-YOGA-LÆRE

Self-Realization Fellowship er dedikert til frivillig å bistå søkende mennesker over hele verden. For informasjon om våre årlige foredragsserier og klasser, meditasjoner og inspirasjonsmøter ved våre templer og sentre verden over, program for retreater og andre aktiviteter, inviterer vi deg til å besøke vår hjemmeside eller vårt internasjonale hovedkvarter:

www.yogananda.org

Self-Realization Fellowship
3880 San Rafael Avenue
Los Angeles, CA 90065-3219
+1 (323) 225-2471

SELF-REALIZATION FELLOWSHIP LESSONS

*Personlig veiledning og instruksjon fra Paramahansa
Yogananda om teknikkene innen yogameditasjon og
prinsippene for åndelig levesett*

Hvis du føler deg tiltrukket av de åndelige sannheter skildret i *Indre fred*, inviterer vi deg til å motta *Self-Realization Fellowship Lessons*.

Paramahansa Yogananda utformet denne hjemmestudieserien for å gi oppriktige søkere muligheten til å lære og praktisere de urgamle teknikker innen yogameditasjon som er nevnt i denne boken – inkludert vitenskapen om *Kriya-yoga*. *Lessons* byr også på hans praktiske veiledning for å oppnå balansert fysisk, mentalt og åndelig velvære. *Self-Realization Fellowship Lessons* er tilgjengelig for et nominelt beløp (for å dekke trykk- og fraktkostnader).

Gjennom det frivillige arbeidet til Self-Realization Fellowships munker og nonner, tilbys alle studenter personlig veiledning i deres praktisering.

For mer informasjon ...

Vennligst oppsøk www.srflessons.org for å be om å få tilsendt en omfattende, gratis informasjonspakke omkring *Lessons*.

Også utgitt av Self-Realization Fellowship ...

EN YOGIS SELVBIOGRAFI
av Paramahansa Yogananda

Denne lovpriste selvbiografien er både en fascinerende fremstilling av et usedvanlig liv og et skarpsindig og uforglemmelig innblikk i den menneskelige eksistens' største mysterier. Utropt til et milepælsverk innen åndelig litteratur allerede da den først kom i trykket form, er den fremdeles en av de mest leste og høyt aktede bøker noensinne utgitt om Østens visdom.

Med vinnende oppriktighet, veltalenhet og vidd beretter Paramahansa Yogananda sitt livs inspirerende historie – opplevelsene fra hans bemerkelsesverdige barndom, hans møter med mange helgener og vismenn under sin ungdoms søken gjennom hele India etter en opplyst lærer, ti års opplæring i en høyaktet yogamesters eremitasje og de tretti årene han levde og underviste i Amerika. Også skildret her er hans møter med Mahatma Gandhi, Rabindranath Tagore, Luther Burbank, den katolske Therese Neumann, kjent for sine stigmata, og andre berømte åndelige personligheter fra Østen og Vesten. Også inkludert er et omfattende materiale han føyde til etter at første utgave ble utgitt i 1946, med et siste kapittel om de avsluttende år av hans liv.

Ansett som en moderne åndelig klassiker, tilbyr *En yogis selvbiografi* en dyp introduksjon i den gamle yogavitenskap. Den er oversatt til flere språk og er ofte brukt ved høyskoler og universiteter. Som en uoppslitelig bestselger har boken funnet sin vei inn i millioner av leseres hjerter verden over.

«En enestående beretning.» *–The New York Times*

«En fascinerende og overbevisende underbygget lesning.» *–Newsweek*

«Det har ikke eksistert noe tidligere, skrevet på engelsk eller noe annet europeisk språk, som denne presentasjonen av yoga.» *–Columbia University Press*

UTGIVELSER PÅ NORSK FRA SELF-REALIZATION FELLOWSHIP

Tilgjengelige på www.srfbooks.org *eller andre bokforhandlere online*

En yogis selvbiografi

Menneskets evige søken

Loven om suksess

Hvordan du kan snakke med Gud

Vitenskapelige, helbredende bekreftelser

Metafysiske meditasjoner

Religionens vitenskap

Visdomsord av Paramahansa Yogananda

Dagbok for sjelen

Den hellige vitenskap

Leve fryktløst

Hvorfor Gud tillater ondskap og hvordan heve seg over den

Indre fred: Hvordan være rolig aktiv og aktivt rolig

BØKER PÅ ENGELSK AV PARAMAHANSA YOGANANDA

Autobiography of a Yogi

God Talks With Arjuna: *The Bhagavad Gita*
A New Translation and Commentary

The Second Coming of Christ:
The Resurrection of the Christ Within You
A Revelatory Commentary on the Original Teachings of Jesus

The Yoga of the Bhagavad Gita

The Yoga of Jesus

The Collected Talks and Essays
Volume I: **Man's Eternal Quest**

Volume II: **The Divine Romance**

Volume III: **Journey to Self-realization**

Wine of the Mystic:
The Rubaiyat of Omar Khayyam
A Spiritual Interpretation

Songs of the Soul

Whispers from Eternity

Scientific Healing Affirmations

In the Sanctuary of the Soul:
A Guide to Effective Prayer

The Science of Religion

Metaphysical Meditations

Where There Is Light
Insight and Inspiration for Meeting Life's Challenges

Sayings of Paramahansa Yogananda

Inner Peace:
How to Be Calmly Active and Actively Calm

Living Fearlessly
Bringing Out Your Inner Soul Strength

The Law of Success

How You Can Talk With God

Why God Permits Evil and How to Rise Above It

To Be Victorious in Life

Cosmic Chants

LYDOPPTAK AV
PARAMAHANSA YOGANANDA

Beholding the One in All

The Great Light of God

Songs of My Heart

To Make Heaven on Earth

Removing All Sorrow and Suffering

Follow the Path of Christ, Krishna, and the Masters

Awake in the Cosmic Dream

Be a Smile Millionaire

One Life Versus Reincarnation

In the Glory of the Spirit

Self-Realization: The Inner and the Outer Path

ANDRE UTGIVELSER FRA SELF-REALIZATION FELLOWSHIP

The Holy Science
Swami Sri Yukteswar

Only Love:
Living the Spiritual Life in a Changing World
Sri Daya Mata

Finding the Joy Within You:
Personal Counsel for God-Centered Living
Sri Daya Mata

Intuition:
Soul Guidance for Life's Decisions
Sri Daya Mata

God Alone:
The Life and Letters of a Saint
Sri Gyanamata

"Mejda":
The Family and the Early Life of Paramahansa Yogananda
Sananda Lal Ghosh

Self-Realization
(et tidsskrift grunnlagt av Paramahansa Yogananda i 1925)

DVD Video

Awake:
The Life of Yogananda
En dokumentarfilm av CounterPoint Films

*En fullstendig katalog av bøker og audio/video-opptak –
inkludert sjeldne arkivopptak av Paramahansa Yogananda –
er tilgjengelig på www.srfbooks.org.*

SELF-REALIZATION FELLOWSHIP
3880 San Rafael Avenue – Los Angeles, CA 90065-3219
TEL +1 (323) 225-2471 – FAKS +1 (323) 225-5088

www.yogananda.org

www.ingramcontent.com/pod-product-compliance
Lightning Source LLC
Chambersburg PA
CBHW020006050426
42450CB00005B/337